# 我的自然笔记
## 校园里的蚜虫餐厅

芮东莉　吕永林 ◎ 主编　周斌　夕雯 ◎ 著绘

湖南少年儿童出版社　小博集

·长沙·

©中南博集天卷文化传媒有限公司。本书版权受法律保护。未经权利人许可，任何人不得以任何方式使用本书包括正文、插图、封面、版式等任何部分内容，违者将受到法律制裁。

**图书在版编目（CIP）数据**

我的自然笔记. 校园里的蚜虫餐厅 / 芮东莉，吕永林主编；周斌，夕雯著绘. -- 长沙：湖南少年儿童出版社, 2024.8. -- ISBN 978-7-5562-7723-0

Ⅰ. Z228.1；Q96-49

中国国家版本馆CIP数据核字第2024UD8703号

WO DE ZIRAN BIJI XIAOYUAN LI DE YACHONG CANTING
我的自然笔记 校园里的蚜虫餐厅

芮东莉 吕永林 主编 周斌 夕雯 著绘

| 责任编辑：张 新 李 炜 | 策划出品：李 炜 张苗苗 |
| --- | --- |
| 策划编辑：蔡文婷 | 特约编辑：张丽静 |
| 营销编辑：付 佳 杨 朔 苗秀花 | 装帧设计：霍雨佳 |

出 版 人：刘星保
出　　版：湖南少年儿童出版社
地　　址：湖南省长沙市晚报大道89号
邮　　编：410016
电　　话：0731-82196320
常年法律顾问：湖南崇民律师事务所　柳成柱律师
经　　销：新华书店
开　　本：889 mm×1194 mm　1/16
印　　刷：河北尚唐印刷包装有限公司
字　　数：62千字
印　　张：2.75
版　　次：2024年8月第1版
印　　次：2024年8月第1次印刷
书　　号：ISBN 978-7-5562-7723-0
定　　价：32.00元

若有质量问题，请致电质量监督电话：010-59096394　团购电话：010-59320018

看到书名，你的小脑瓜里，一定满是疑问。蚜虫跑进餐厅里了？还是，蚜虫开了家餐厅，当起了厨师？可是，蚜虫做的食物，味道一定非常奇怪吧？

其实啊，我们学校的蚜虫餐厅，不是开在草丛里，就是开在藤蔓间和大树上，你和你的同学，是不会去那里吃饭的。

食物的味道？哦，你还在好奇这个问题。好吧，在这本书里，我会请餐厅里的食客们帮你品尝一下，据说，味道还挺不错的。不过，具体是什么味道，还需要你亲自去问问书里的食客，因为每道菜肴的风味都大不相同。

# 会做甜点的美食家

今天，我们的户外自然课，来到了校园里一棵高大的香樟树下，主题是"寻找春天"。不过，同学们的探索主题，很快就变成了"蚜虫探秘"。

大家发现了一家藏在灌木丛里的，挤满了食客的蚜虫"餐厅"，里面摆满了各种颜色的嫩叶"餐桌"。

蚜虫食客们是地地道道的美食家，它们不仅追求菜品的口味，连进餐"礼服"也十分考究。瞧，颜色各异的小蚜虫们，正坐在它们最喜爱的嫩叶餐桌上，享用汁液大餐呢！

- 2018 年 3 月 14 日
- 多云 14 ~ 21 ℃

上海宝山区顾村中心校校园里。
在鲜嫩的叶芽上，大家看到了一群密密麻麻的小虫子，这就是传说中的蚜虫吗？

# 发现嫩叶餐桌上的美食家

世界上的蚜虫有4000多种，除了体形和结构上的细微差异之外，它们的区别还表现在体色上。

着装风格迥异的蚜虫，之所以会出现在不同的植物上，是因为许多蚜虫都具有寡食性的特点。也就是说，这些蚜虫的食物种类十分有限，它们仅以某一类植物的汁液为食。比如，莴苣指管蚜就只吸食部分菊科植物的汁液，而对月季、蔓长春花毫无兴趣。它绝对是个口味挑剔的美食家。

月季新叶，呈紫红色

红叶石楠的嫩叶

▲ **月季长管蚜**

月季长管蚜，大的有芝麻大小，小的体长还不到1毫米，体色多为草绿色，少数会带有一些粉红色的色斑

红叶石楠的嫩叶上，有许多身着黄绿色外套的小蚜虫

黄鹌菜的花茎

莴苣指管蚜的腹部鼓鼓的，像个小纺锤。体色红黑相间，非常艳丽

瓜子黄杨的嫩叶

蔓长春花 ▶

瓜子黄杨的嫩叶上，也有许多小蚜虫，多数蚜虫穿着黑色"外套"，叶片上还有很多它们蜕下的白色皮蜕

汁液大餐是什么味道的？这你就要去问蚜虫了。

蚜虫取食叶片的方式，以及它们的味觉和人类的完全不同，当我们粗鲁地咀嚼苦涩叶片的时候，人家正利用精巧的口器，挑选叶片组织里最鲜嫩的部位进行吮吸呢！也许，那味道在它们看来，就如同我们喝的苹果汁、蜜桃汁一样美味。

## 数量庞大的袖珍食客

嫩叶餐桌上的小食客们尽管着装风格不同，但外部形态大体相同。它们具有昆虫的典型特征：身体分为头、胸、腹三个部分，头部有一对触角，身上有三对足，一些蚜虫的背部还长出了两对翅膀。

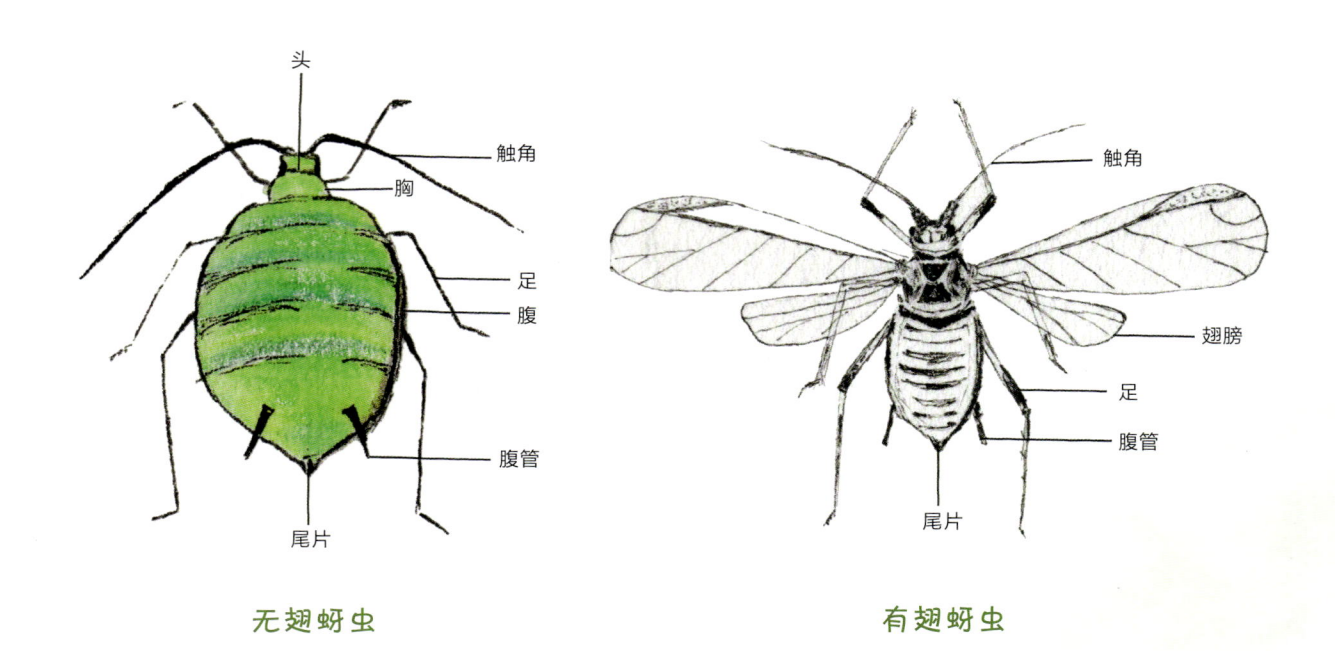

**无翅蚜虫**（头、触角、胸、足、腹、腹管、尾片）

**有翅蚜虫**（触角、翅膀、足、腹管、尾片）

不过，它们的个头和许多昆虫相比，显得格外"袖珍"，大多数蚜虫只有2毫米长，跟一粒芝麻差不多。尽管个头不占优势，但它们的数量却极为庞大。蚜虫的繁殖方式和许多昆虫不同。

**孤雌生殖与卵胎生**

孤雌生殖：雌虫不需要和雄虫交配，就可以生出下一代

雌蚜虫不会把卵产在体外，而是通过"卵胎生"的方式，让卵在体内孵化，直接生出小蚜虫

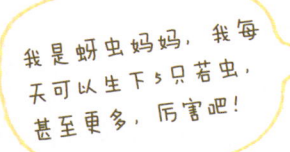

我是蚜虫妈妈，我每天可以生下5只若虫，甚至更多，厉害吧！

蚜虫的若虫出生时就已经受孕，十天左右，若虫就能发育成成虫，继续进行孤雌生殖

### 我生下的宝宝的累计数

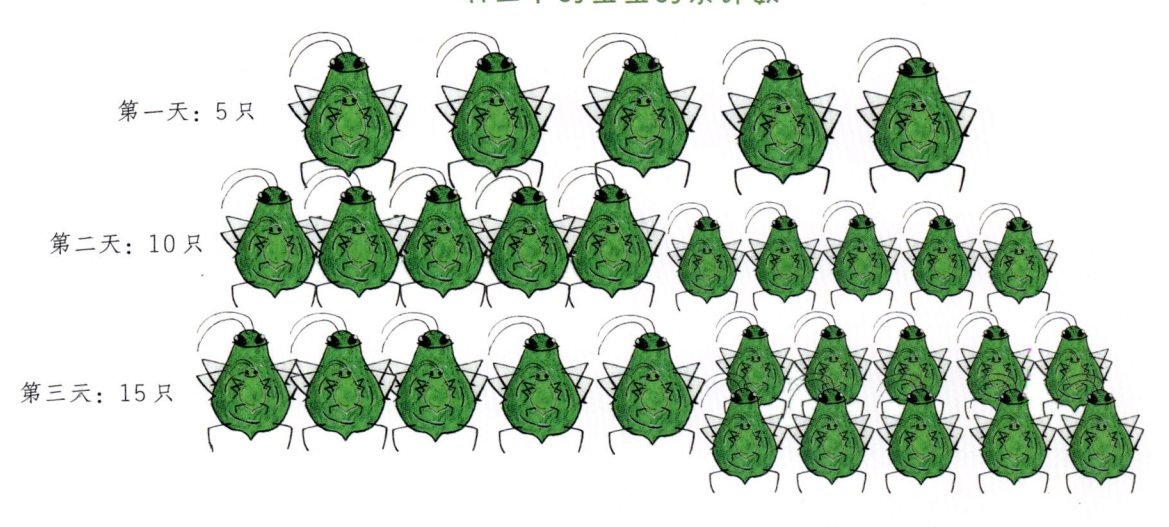

第一天：5只

第二天：10只

第三天：15只

我们既不用寻找配偶，又长得快，夏季不到一周就可以繁殖出下一代，以此推算，我们一年能够繁殖20～30代。因此，我们蚜虫一族位居昆虫繁殖速度排行榜的榜首

蚜虫餐厅里那些密密麻麻的小食客，模样、大小都差不多，但如果要论辈分，有的是曾曾曾祖母，有的是刚出生的宝宝。几世同堂挤在一张嫩叶餐桌上，场面不壮观才怪呢！

## 长出翅膀开辟新天地

蚜虫不断繁殖，餐厅里装不下了怎么办？蚜虫们有自己的解决办法——产下长有翅膀的新一代。

长有翅膀的若虫长大后，就会飞到一家新的"餐厅"，产下能够进行两性生殖的雌虫和雄虫。接下来，雌虫和雄虫交配，产下越冬卵。到了春天，从卵里就孵出了新一代蚜虫，它们又可以选择孤雌生殖了。

如果虫满为患，食物匮乏，雌蚜虫们将会繁殖出特殊的若虫

这只若虫有浅灰色的"垫肩"，"垫肩"在不久后会发育成翅膀

这只蚜虫成虫的"垫肩"已经发育成翅膀，这种未展开的形态叫翅瓣

翅瓣

这是一只有翅蚜虫，它将借助风力展翅飞翔，寻觅新天地，繁殖下一代

- 2018年3月21日 春分
- 小雨转多云 4～9℃

上海宝山区顾村中心校校园。月季花开了，粉红的花瓣娇艳可爱。在花苞和嫩叶上，依然有许多小蚜虫，其中一些居然长出了翅膀。

月季嫩叶

月季花苞

这是一只有翅的月季长管蚜，它将去蔷薇、月季上"开辟"新天地

8

翅膀可以说是大自然赠予昆虫最棒的礼物，有了它的帮助，小小的蚜虫美食家们就可以飞往更广阔的天地，享用美食和繁衍后代。

## 奇特的餐具

蚜虫美食家是用什么"餐具"来进食的？昆虫学家总结出了昆虫口器的类型。不同的口器就像是不同的餐具，它们可以帮助昆虫取食不同的食材。

**昆虫常见口器类型一览表**

| 类型 | 咀嚼式口器 | 虹吸式口器 | 嚼吸式口器 | 舐吸式口器 | 刺吸式口器 |
|---|---|---|---|---|---|
| 功能 | 上颚形状和功能类似钳子，用咀嚼食物 | 形状像可以自如卷曲的吸管，用于吸取食物 | 兼有钳子和吸管的双重功能，可以夹碎和吸取食物 | 下端有海绵状唇瓣，便于舐吸食物 | 形状像针头或锥子，便于刺破食物表皮，吸取汁液 |
| 代表生物 | 蝗虫 蚂蚁 | 蝴蝶 飞蛾 | 蜜蜂 黄蜂 | 苍蝇 果蝇 | 蝉 蚊子 |
| 口器示意图 | | | | | |

蚜虫美食家会使用上面提到的某种"餐具"吗？这就要借助手持显微镜来一探究竟了。不过，观察手持显微镜下的蚜虫并没有那么容易，因为它们总是爬来爬去。

- 2018 年 3 月 28 日
- 晴 16～26 ℃

最近天气一下子就热了起来，灌木丛里的蚜虫似乎更多了。

我们从教室外采回了几根带蚜虫的枝条，用毛笔把蚜虫小心地刷到塑料培养皿里。

枝条上的蚜虫很难抖落下来，看来只能用刷蚕宝宝的办法了

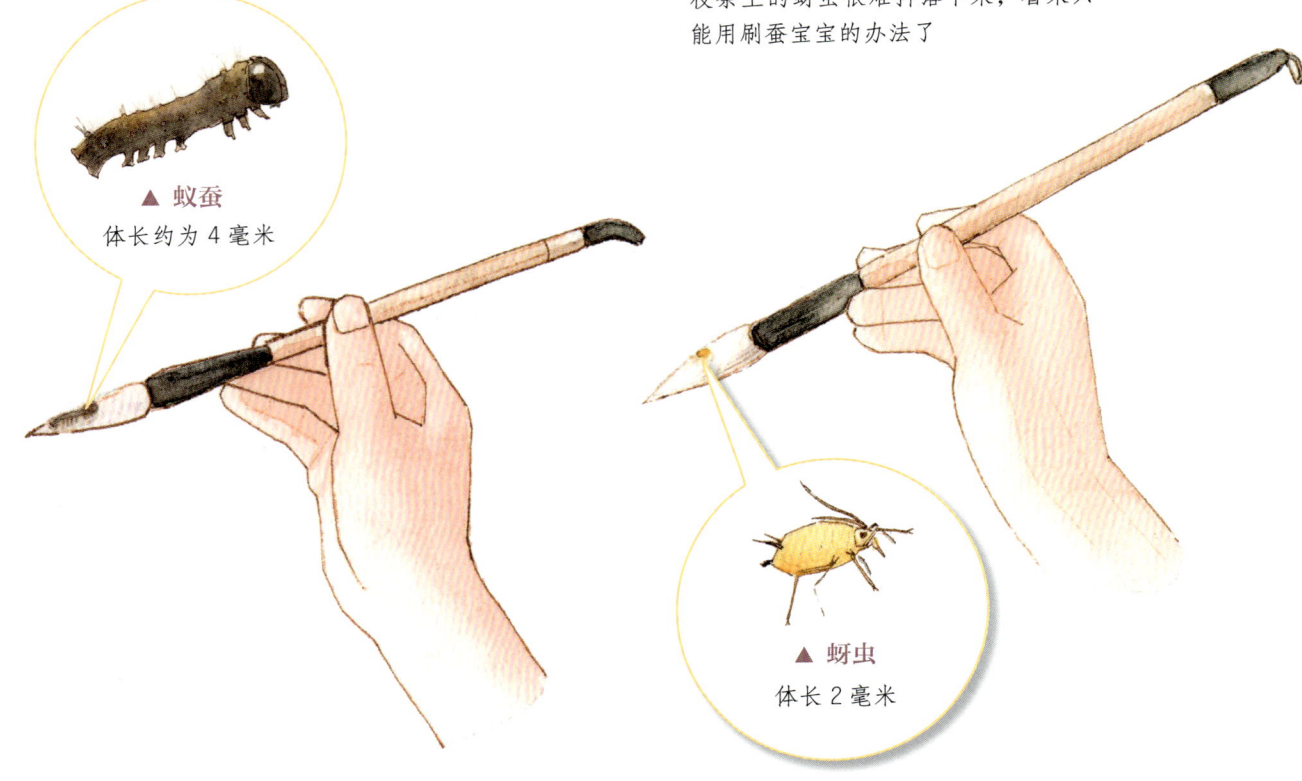

▲ 蚁蚕
体长约为 4 毫米

▲ 蚜虫
体长 2 毫米

饲养蚕宝宝的时候，我们会用毛笔或羽毛小心翼翼地把蚁蚕刷到观察盒里。刚孵化的蚕宝宝身上有很多细毛，很容易粘到毛笔上

笔尖刚凑上去，这只蚜虫就慢悠悠地爬了上来，这是要主动配合我们做科学观察吗？

在显微镜下我们发现，蚜虫取食汁液的方法和蚊子类似。它们都是利用口器，刺破食物的表皮，然后吸食汁液的。这是否说明，蚜虫美食家的"餐具"和蚊子的一样，也是刺吸式口器呢？

手持显微镜下的蚜虫很漂亮，头上有一对长长的触角，腹部末端有一对类似"钢叉"的东西。这对奇怪的东西，有什么用呢？

**从背面观察**

这只蚜虫的复眼呈红色，很神气

**从腹面观察**

腹部末端的"钢叉"名叫腹管，可以帮助蚜虫排出机体代谢物，并在遇到危险时，释放用于报警的信息素。它的口部长有像锥子一样的口器，末端细如针尖

**从侧面观察**

蚜虫把那个锥子一样的口器刺进了叶片里，开始吸食汁液

尽管蚜虫和蚊子都拥有"刺吸式口器"，但它们口器的结构并不相同。下页的第一张图是昆虫学家在更为精密的显微镜下，观察到的蚊子的刺吸式口器。口器的各个部分分工明确，最终完美地把血液吸进了蚊子的肚子里。

**手持显微镜**

11

### 蚊子的刺吸式口器

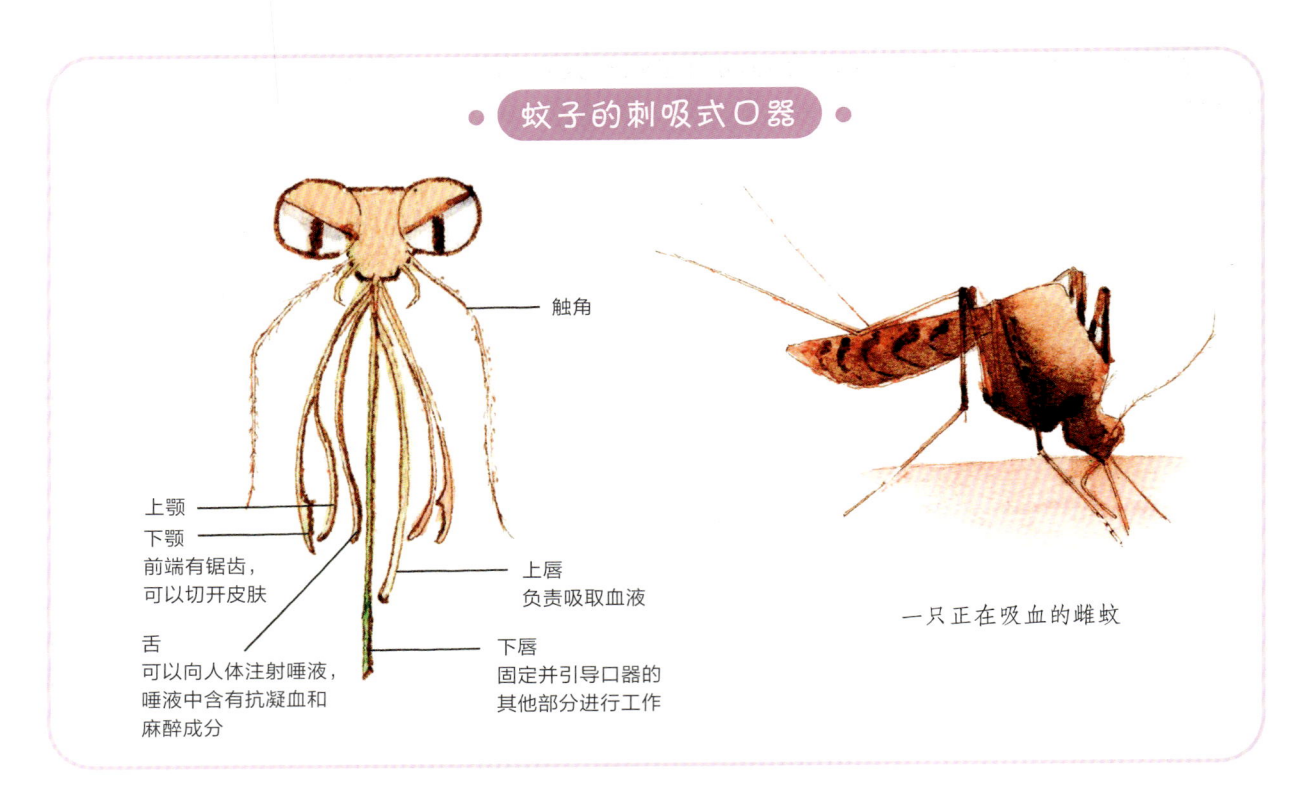

触角

上颚
下颚
前端有锯齿，可以切开皮肤

舌
可以向人体注射唾液，唾液中含有抗凝血和麻醉成分

上唇
负责吸取血液

下唇
固定并引导口器的其他部分进行工作

一只正在吸血的雌蚊

蚜虫的刺吸式口器则更像是个"俄罗斯套娃"，管状结构由外向内层层套叠，最终构成了一个类似锥子的管状物。

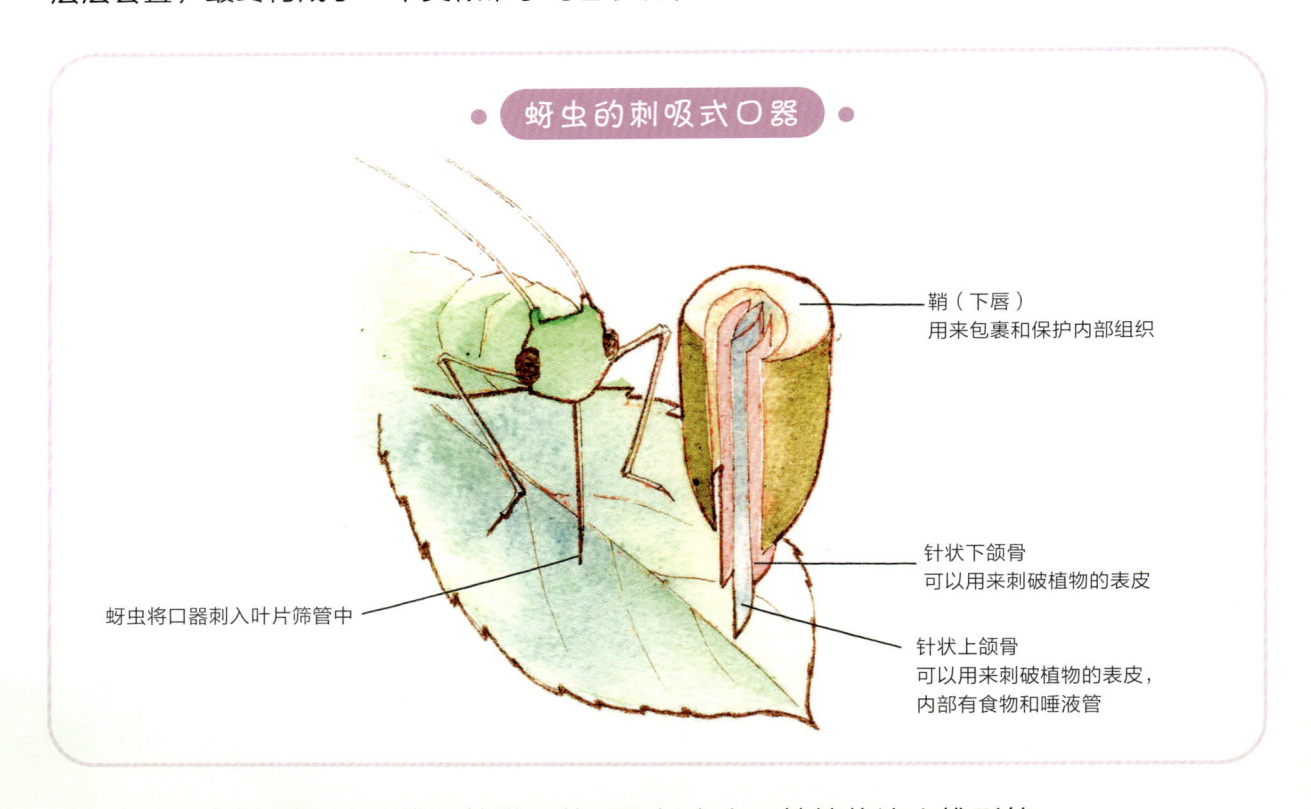

### 蚜虫的刺吸式口器

鞘（下唇）
用来包裹和保护内部组织

蚜虫将口器刺入叶片筛管中

针状下颌骨
可以用来刺破植物的表皮

针状上颌骨
可以用来刺破植物的表皮，内部有食物和唾液管

蚜虫是如何利用这种锥形管进食的呢？蚜虫会巧妙地将这个锥形管刺进植物的筛管中，让植物的汁液在压力的作用下自动喷出，流进锥形管（食道唧筒）里，然后蚜虫再将汁液吸进肚子里。

筛管里的液体受到压力真的会自动喷出吗？我和同学们做了个模拟小实验：用塑料水瓶模拟植物的筛管，用一根细针模拟蚜虫的口器。

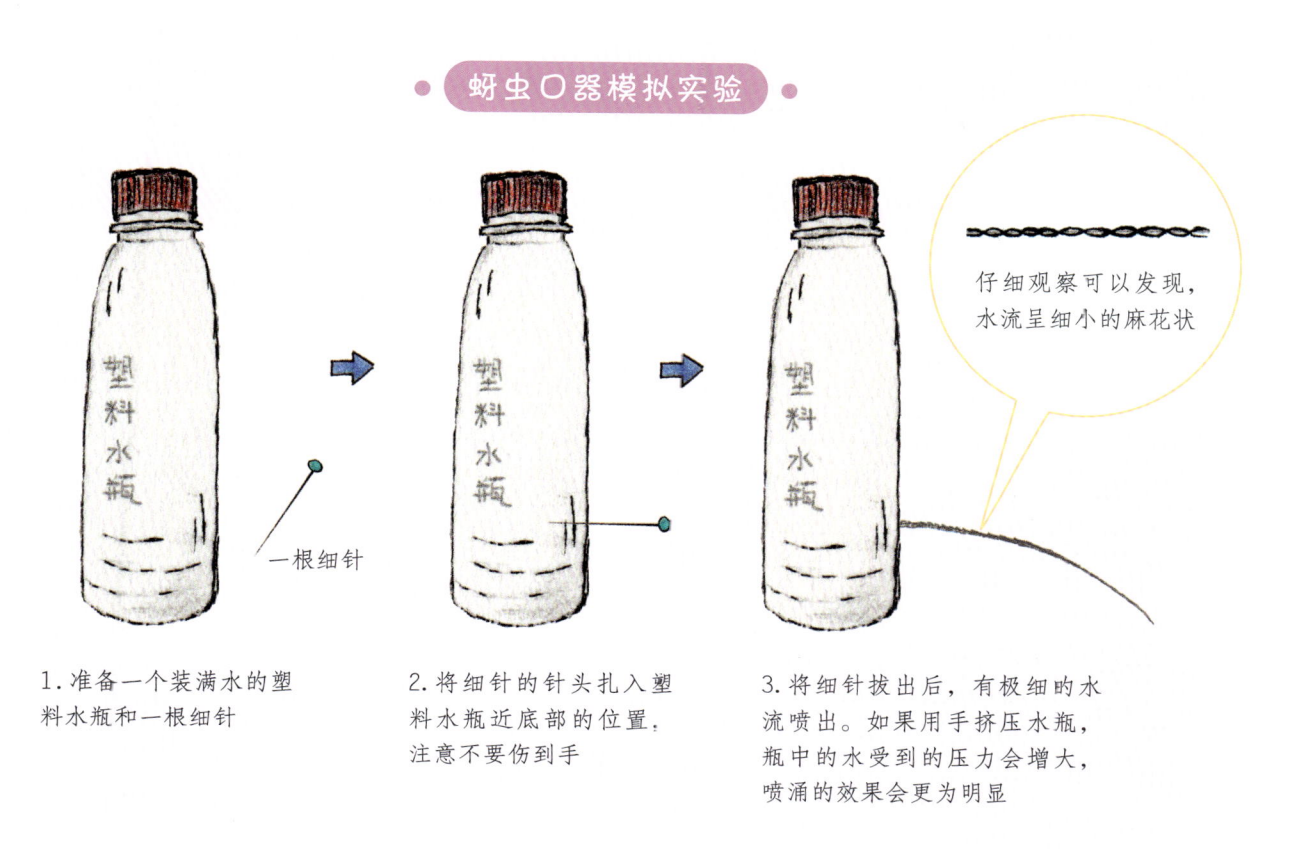

**蚜虫口器模拟实验**

仔细观察可以发现，水流呈细小的麻花状

1. 准备一个装满水的塑料水瓶和一根细针

2. 将细针的针头扎入塑料水瓶近底部的位置，注意不要伤到手

3. 将细针拔出后，有极细的水流喷出。如果用手挤压水瓶，瓶中的水受到的压力会增大，喷涌的效果会更为明显

## 安全型留置针

这种层层叠套的装置，很像医院里的安全型留置针——在一根极细的注射针头外，包裹上一根细软管，扎针的时候，将二者一起扎入血管。等注射完后，将针头拔出来，软管就留在了血管里。静脉输液时，只需要向管子里灌注药液，而不必再扎针，这样能够减轻病人的痛苦。

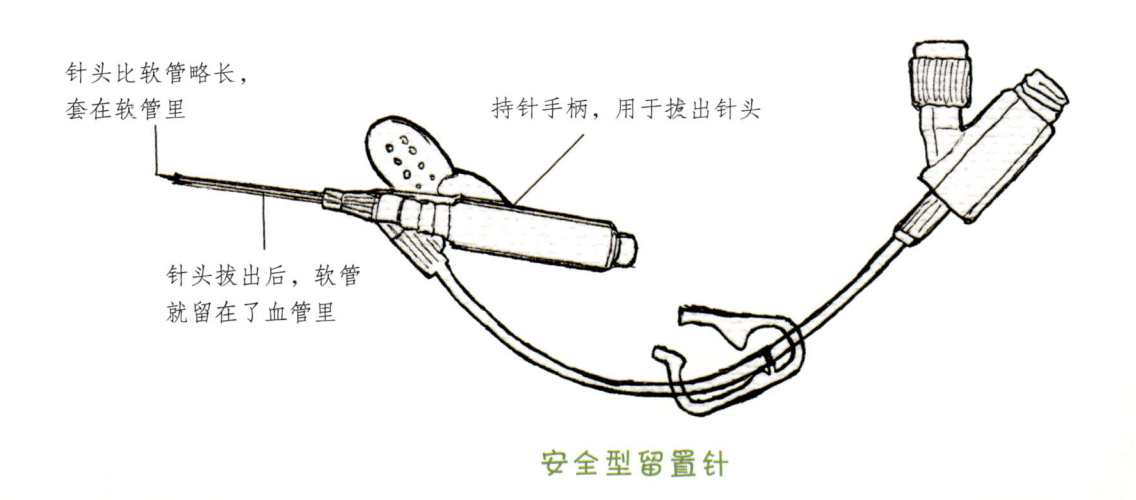

针头比软管略长，套在软管里

持针手柄，用于拔出针头

针头拔出后，软管就留在了血管里

**安全型留置针**

# 甜点烹饪大师

作为美食家，蚜虫可不只会吃，它们还亲自"烹饪"甜点，供食客们享用。至于我们是如何发现它们的烹饪本领的，那还要从月季花叶片上的"脏点点"讲起。

- 2018 年 3 月 29 日
- 阴 12 ~ 23 ℃

今天的月季花叶片与前几天的不太一样。上面斑斑点点的，看起来脏脏的，像是有什么东西滴到了上面。

叶片上有好多"脏点点"，白花花的，摸上去是干的

### 叶片上的神秘结晶体

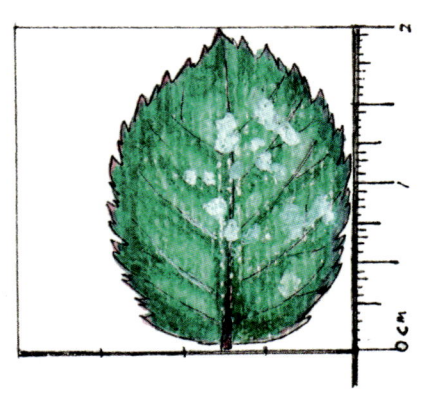

**45 倍放大镜下观察所见**

小小的一枚叶片上，居然分布着十多处大小不等的"脏点点"。它们在放大镜下反射出微弱的白光

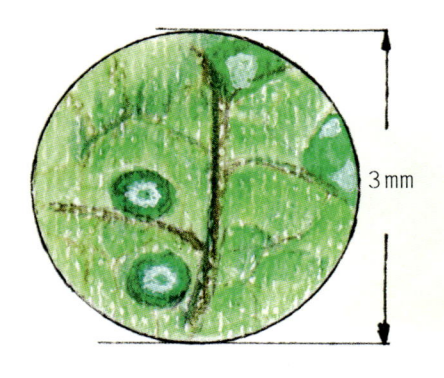

**150 倍放大镜下观察所见**

没想到，在高倍放大镜下，这些"脏点点"居然是一个个形状较为规则的"小圆饼"，圆饼的厚度约为 0.5 毫米。仔细观察能够发现，这些小圆饼是由许许多多的晶体微粒组成的，微粒晶莹剔透，很漂亮。这些晶体是从哪里来的呢？

这些看似脏脏的东西，其实是蚜虫美食家烹饪的甜点。它们在享用"美食"时，会将口器刺入叶片韧皮部的筛管里，吮吸含糖汁液。但是汁液中用于满足生命体生长发育的氮元素，含量较低，蚜虫必须吸食大量的汁液来获取足量的氮元素。这样一来，蚜虫体内的糖分就超标了，无法全部消化吸收，唯一的解决办法就是排出来！

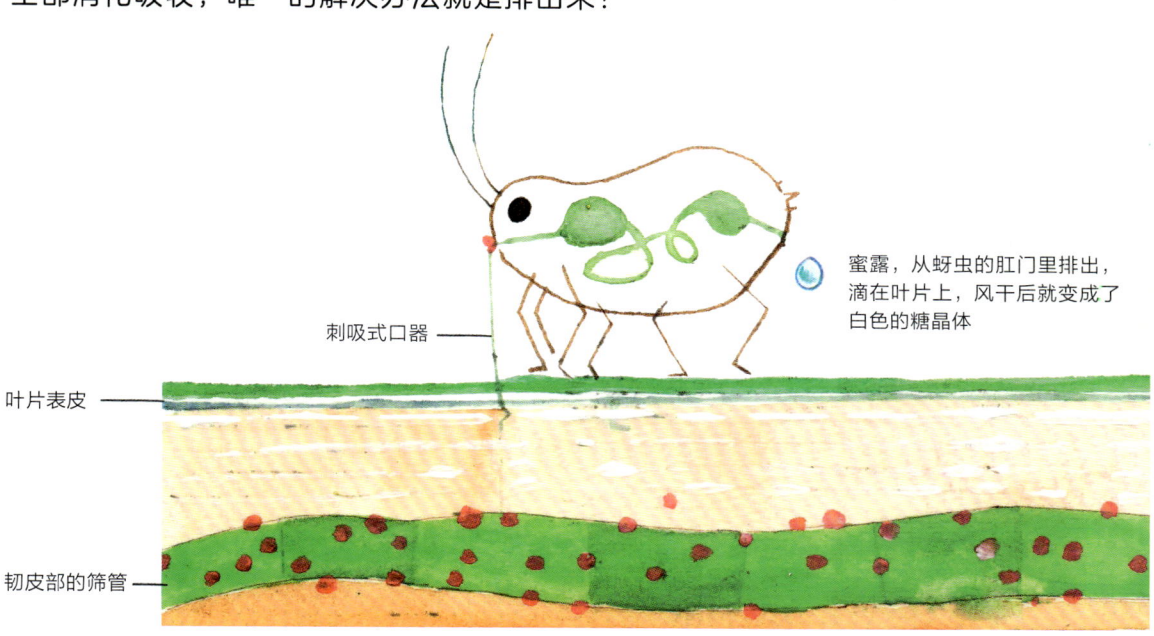

刺吸式口器

叶片表皮

韧皮部的筛管

蜜露，从蚜虫的肛门里排出，滴在叶片上，风干后就变成了白色的糖晶体

## 蚜虫体内的"糖糖加工厂"

蔗糖分子

水分子

植物汁液里有水分子和蔗糖分子，在蔗糖酶酵素的作用下，蔗糖分子会变为果糖分子

一部分果糖成为蚜虫的能量

一部分含水的果糖被蚜虫排出，就形成了蜜露

# 奇妙的共生关系

蜜露既然是美味的甜点，那食客是谁？经过仔细观察，我们在石楠树上发现了它们的踪影——举腹蚁！瞧，它们正在用触角轻轻拍打蚜虫身体，催促蚜虫赶紧"烹饪"蜜露甜点呢！

- 2018 年 4 月 10 日
- 多云 16 ~ 29 ℃

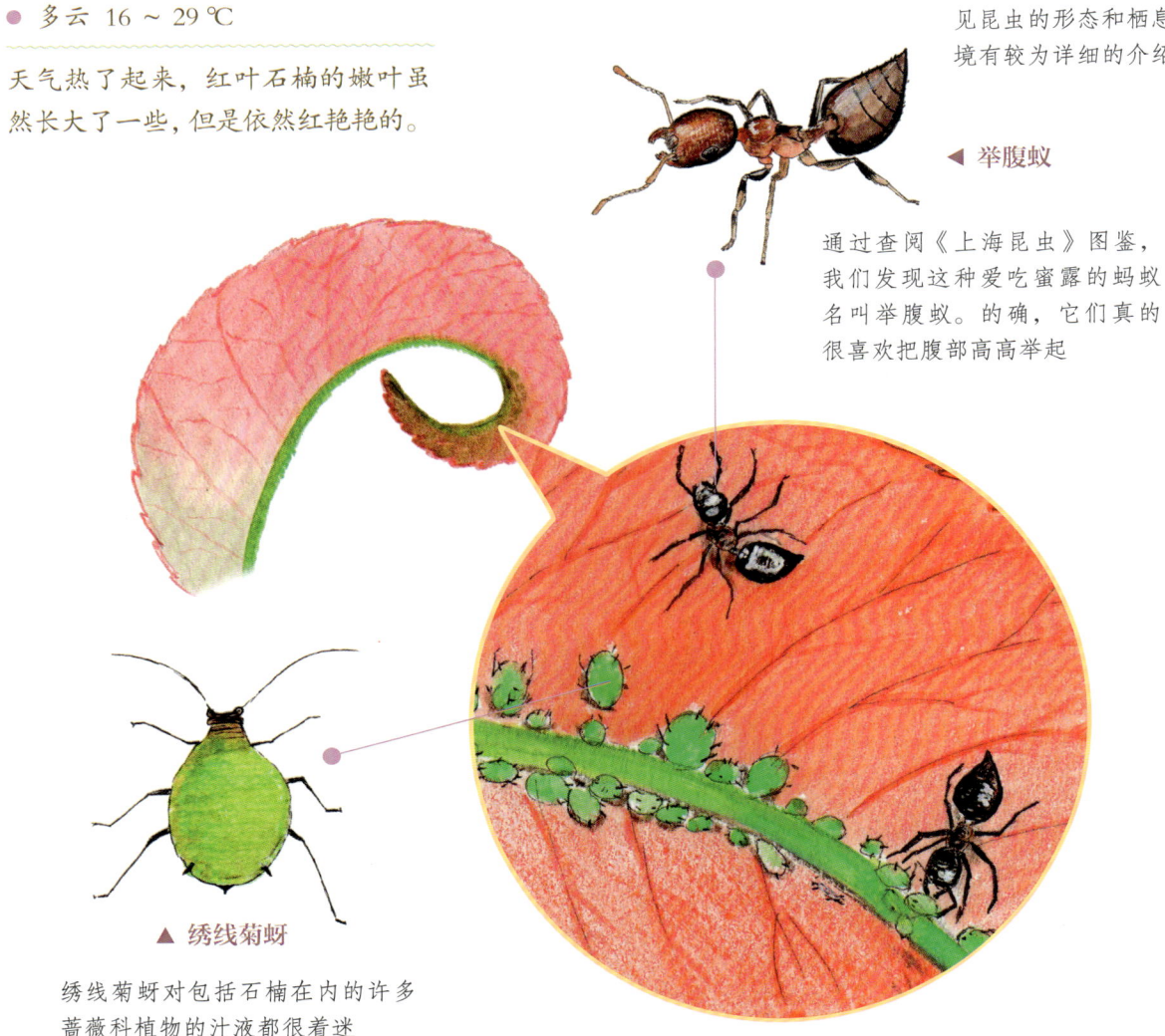

天气热了起来，红叶石楠的嫩叶虽然长大了一些，但是依然红艳艳的。

《上海昆虫》对上海常见昆虫的形态和栖息环境有较为详细的介绍

◀ 举腹蚁

通过查阅《上海昆虫》图鉴，我们发现这种爱吃蜜露的蚂蚁名叫举腹蚁。的确，它们真的很喜欢把腹部高高举起

▲ 绣线菊蚜

绣线菊蚜对包括石楠在内的许多蔷薇科植物的汁液都很着迷

蚜虫聚集在叶片背面的主叶脉两侧取食汁液，会导致叶片卷曲

不过，举腹蚁并不是白吃客，它们为了获取蚜虫烹饪的美味甜点，会尽力保护这些柔弱的蚜虫，使它们免遭瓢虫等天敌的侵害。在举腹蚁的照顾下，蚜虫的种群能够快速壮大，而举腹蚁也获得了更多的甜点。大自然中，这种互利互惠的生物关系，被称作"共生"。

## 奇妙的共生关系

红叶石楠叶片上，正在享用美味甜点的举腹蚁

举腹蚁用触角拍打蚜虫的身体，蚜虫就会从肛门排出晶莹剔透的蜜露

膝状触角
咀嚼式口器带锯齿的大颚

**举腹蚁的头部**

我当你的保镖！
我是你的甜点师！

蚂蚁具有强健的大颚，能够攻击并咬伤瓢虫的足，从而将瓢虫赶走

得益于这种奇妙的共生关系，蚜虫餐厅里甜点师的数量激增，不过，很快麻烦就出现了。因为蚜虫烹饪甜点，需要用叶片的汁液做原料，一旦厨师的数量超标，原料就告急了。用不了多久，嫩叶餐桌就会因为汁液大量流失，开始卷曲发黄。而且，蚜虫排在叶片上的蜜露，会影响叶片进行光合作用。这个时候，整株植物就变得病恹恹的。

为了避免蚜虫餐厅停业倒闭，是时候请出一群威猛的食客了！

# 蚜虫餐厅

美味！

## 甜蜜菜单

**甜点师：莴苣指管蚜**

原料：
一年蓬、苦菜、莴苣

**甜点师：月季长管蚜**

原料：
月季、蔷薇

**甜点师：夹竹桃蚜**

原料：
萝藦果、萝藦叶、夹竹桃

**甜点师：桃蚜**

原料：
长春花、红叶李、石榴

**甜点师：豌豆修尾蚜**

原料：
救荒野豌豆

**甜点师：莲缢管蚜**

原料：
桃、梅、李

# 爱吃肉的古怪食客

蚜虫餐厅里,尽管蚂蚁保镖恪尽职守,但餐厅实在太大了,总有它们看顾不周的时候,这时,一群相貌奇特、爱吃肉的食客就闯了进来。它们对叶片的汁液和蜜露甜点毫无兴趣,竟然直接把甜点师——蚜虫吃掉了!

## 粗鲁的咀嚼客——瓢虫

在柑橘树叶的背面,几只相貌古怪的黑色小虫,正对着蚜虫一顿猛嚼。它们浑身长满肉刺,就像小海参似的,在揭晓它们的真实身份之前,不妨先称呼它们为"海参虫"吧!

- 2018 年 4 月 20 日 谷雨
- 阴 15 ~ 26 ℃

上海宝山区顾村中心校校园。谷雨时节,气温上升,校园里春意盎然。

柑橘叶背面,几只"海参虫"正对着一群黄绿色的蚜虫大快朵颐

叶片最宽处约 6 厘米

蚜虫,长约 2 毫米

"海参虫",长约 6 毫米

"海参虫"咬住蚜虫的腹部,一边拖拽,一边啃食。一开始蚜虫还在挣扎,但很快就不动弹了。不久,蚜虫就被吃了个干净,甚至连腿都没剩下

柑橘树四季常青,在这个季节,它长出了新叶,愈发生机勃勃

这些"海参虫"的吃相，简直可以用"粗鲁"二字来形容。它们是靠什么"餐具"来高效进食的呢？在显微镜下，我们能清楚地看到它们头部负责切割的工具——一对钳子状的大颚。和蚂蚁一样，"海参虫"的口器也属于咀嚼式。

### "海参虫"的咀嚼式口器

这只"海参虫"正在啃食一只黄绿色的蚜虫

"海参虫"头部前端有一对钳子状的大颚，难怪吃起蚜虫来咔嚓作响！

"海参虫"的身体看起来很像毛毛虫，体节明显，体色较为艳丽，身上还长满肉刺

《农田常见昆虫图鉴》是我们学习昆虫知识的好帮手，里面不但有对昆虫成虫的介绍，还有对昆虫幼龄期形态、习性的详细描述

### "海参虫"身份揭秘

这群小食客的真实身份其实是瓢虫幼虫。和蝴蝶一样，瓢虫也属于完全变态的昆虫，它们小时候的模样和成虫完全不同

瓢虫幼虫颜色多样，不同的种类有不同的特点。腹部有白斑，胸部有橙黄色斑的是龟纹瓢虫的幼虫；胸部和腹部有橘黄色色斑的则是七星瓢虫的幼虫。

▲ 龟纹瓢虫幼虫

大约2龄的龟纹瓢虫幼虫，体长约6毫米

刚孵出来的小食客，第一餐居然是卵壳。这些白色的卵壳，曾经保护着它们，现在又为它们提供了维持生命所需的能量

进食卵壳前，它们一动不动，好像是在等待外骨骼变硬、变结实

● 七星瓢虫幼虫 ●

一叶一世界，柑橘叶片背面的小天地

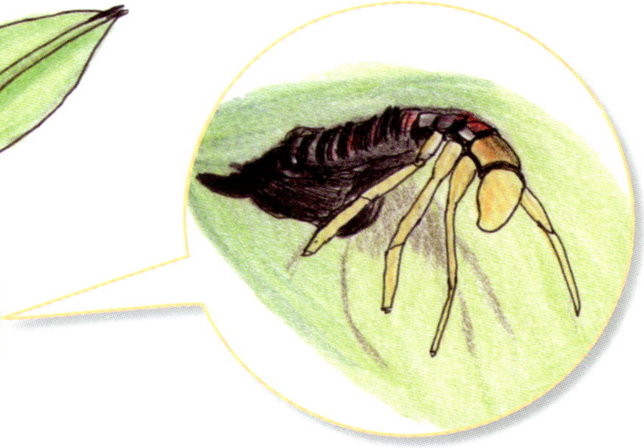

正在蜕皮的瓢虫幼虫，娇嫩的头部和六肢正在从皮蜕里钻出来。每蜕一次皮，瓢虫就长大一龄，经历3次蜕皮后，才能化蛹，然后羽化为成虫

▲ 七星瓢虫幼虫

体长约11毫米

▲ 瓢虫皮蜕

叶片背面，除了蚜虫和瓢虫幼虫外，还有许多皮蜕。皮蜕六肢俱在，长得和幼虫一模一样，不过上面只有黑白两色，没有橘黄色斑

## 校园常见瓢虫种类

▲ **七星瓢虫**
体长约 6 毫米

身体呈半球形,橙红色的鞘翅上总共有七个黑斑。不论是幼虫还是成虫,都主要以蚜虫为食

▲ **龟纹瓢虫**
体长约 4 毫米

校园里最常见的龟纹瓢虫,是这种黑斑呈龟纹状的。它的幼虫和成虫也都很喜欢捕食蚜虫

▲ **异色瓢虫**
这只异色瓢虫体长约 8 毫米,宽约 5 毫米

▲ **异色瓢虫**
这只异色瓢虫体长约 5 毫米,颜色极为艳丽,正在享用蚜虫盛宴

校园里的异色瓢虫有好几种类型,有的鞘翅上有红斑,有的鞘翅上有黄斑,有的大,有的小,但它们在昆虫分类上都属于同一种。不过,不管是哪种类型的异色瓢虫,都非常喜欢捕食蚜虫

尽管瓢虫属于完全变态昆虫,幼年时期与成年时期的模样迥异,但我们还是能发现两者的一个共同点——它们都长着带有大颚的咀嚼式口器。这也难怪,它们从小到大都是蚜虫餐厅里"最粗鲁"的咀嚼客!

**瓢虫头部特写**

七星瓢虫的咀嚼式口器,钳子状的大颚非常发达。我们观察到,这只瓢虫在不到 1 分钟的时间里,就吃掉了一只莴苣指管蚜

瓢虫卵卡

校园里在开展生态防治,不喷农药,而是买来瓢虫卵卡,把它们挂在蚜虫比较多的树枝上。几天之后,瓢虫幼虫就会从卵里孵化出来

- 2018 年 4 月 27 日
- 多云 14 ~ 27 ℃

上海宝山区顾村中心校校园。
我们在黄鹌菜上发现了莴苣指管蚜和七星瓢虫。大概是因为莴苣指管蚜的高颜值，图鉴封面上采用的正是它的形象。

《常见蚜虫生态图鉴》介绍了各种蚜虫的形态、栖息环境和生活习性

▲ 莴苣指管蚜

▲ 黄鹌菜

咀嚼式口器吃起蚜虫来如此高效，它的大颚是如何运作的？让我们一起来制作一个咀嚼式口器上颚小模型，来模拟大颚的工作原理吧！

## 咀嚼式口器上颚小模型

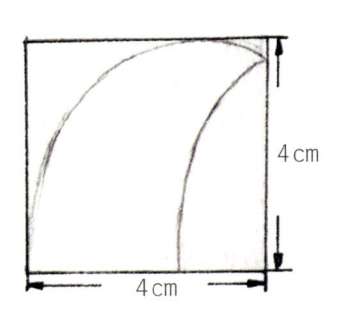

**所需工具**：打孔器、1块橡皮、2枚图钉

1. 在一张边长为4厘米的正方形硬卡纸上，画出图示中大颚的形状，并涂上颜色

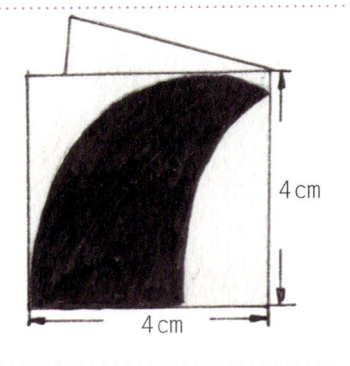

2. 叠放1张同样大小的卡纸，剪下两个等大的大颚图形。为另一个大颚图形上色。注意，颜色要涂在卡纸的反面，这样才能得到两个对称图形

3. 如图，用打孔器在两个大颚图形的基部各打一个小孔

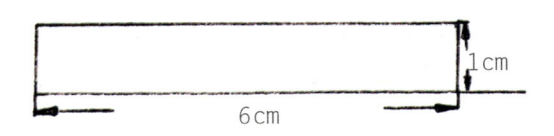

4. 从硬卡纸上剪下两个同样大小的长方形，宽1厘米，长6厘米。用打孔器在每个长方形纸条上打两个小孔，制作成拉轴

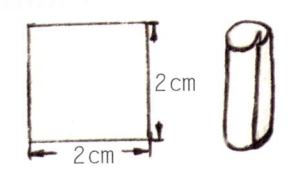

5. 将边长为2厘米的正方形卡纸卷制成纸筒，需要制作3个

6. 将各个部件组合起来，首先用图钉将两个大颚图形固定在橡皮上，然后将纸筒穿插进大颚和拉轴的小孔里，把它们连接起来

纸筒穿插进大颚和拉轴的小孔中，确保大颚可以灵活拉动

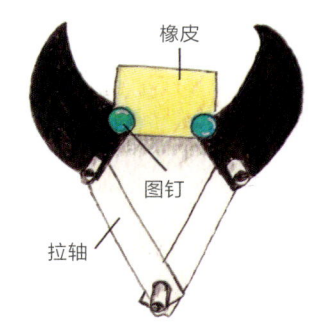

现在，向后拉动拉轴，大颚就张开了；向前推动拉轴，大颚就闭合了

瞧，即使是一个简单的模型，"大颚"开合起来也是如此灵活威猛！

## 优雅的吮吸客

要论水果的吃法,椰子最为独特。不用牙咬,只要在它的顶端开一个小口,插根吸管进去,就能吮吸甘甜的果汁了。这吃法甭提多优雅!在蚜虫餐厅里,我们就发现了这样一位食客,它的动作是那样悠闲、缓慢,在蚜虫还没缓过神来的时候,就已经被当作"椭子"吸食掉了。

这位优雅的吮吸客不是别人,正是食蚜蝇的幼虫。它虽然没有像瓢虫一样的大颚,但也有自己高效进食的方法。

- 2018 年 4 月 27 日
- 多云 14 ~ 27 ℃

在救荒野豌豆的豆荚上,我们发现了一群豌豆修尾蚜,以及一只正在吸食这些蚜虫的食蚜蝇幼虫。

▲ 救荒野豌豆

▲ 食蚜蝇幼虫
体长约 6 毫米

豌豆修尾蚜 ▶
(无翅状态)

◀ 救荒野豌豆荚果
长约 4.5 厘米,宽 0.7 厘米

被吸食时,蚜虫就像正在漏气的皮球,慢慢瘪了下去,最后变成一张空皮

蚜虫被吸食前,身体饱满圆润

在显微镜下,我们能观察到食蚜蝇幼虫独特的双吸管构造,它的口器里还藏着一只锋利的"钩子"——不但能钩住想要逃脱的蚜虫,还能像戳破椰壳的尖刀一样,刺破蚜虫的皮肤,方便双吸管构造的插入。难怪昆虫学家会将它的口器归入刺吸式类型呢!

### 食蚜蝇幼虫的刺吸式口器

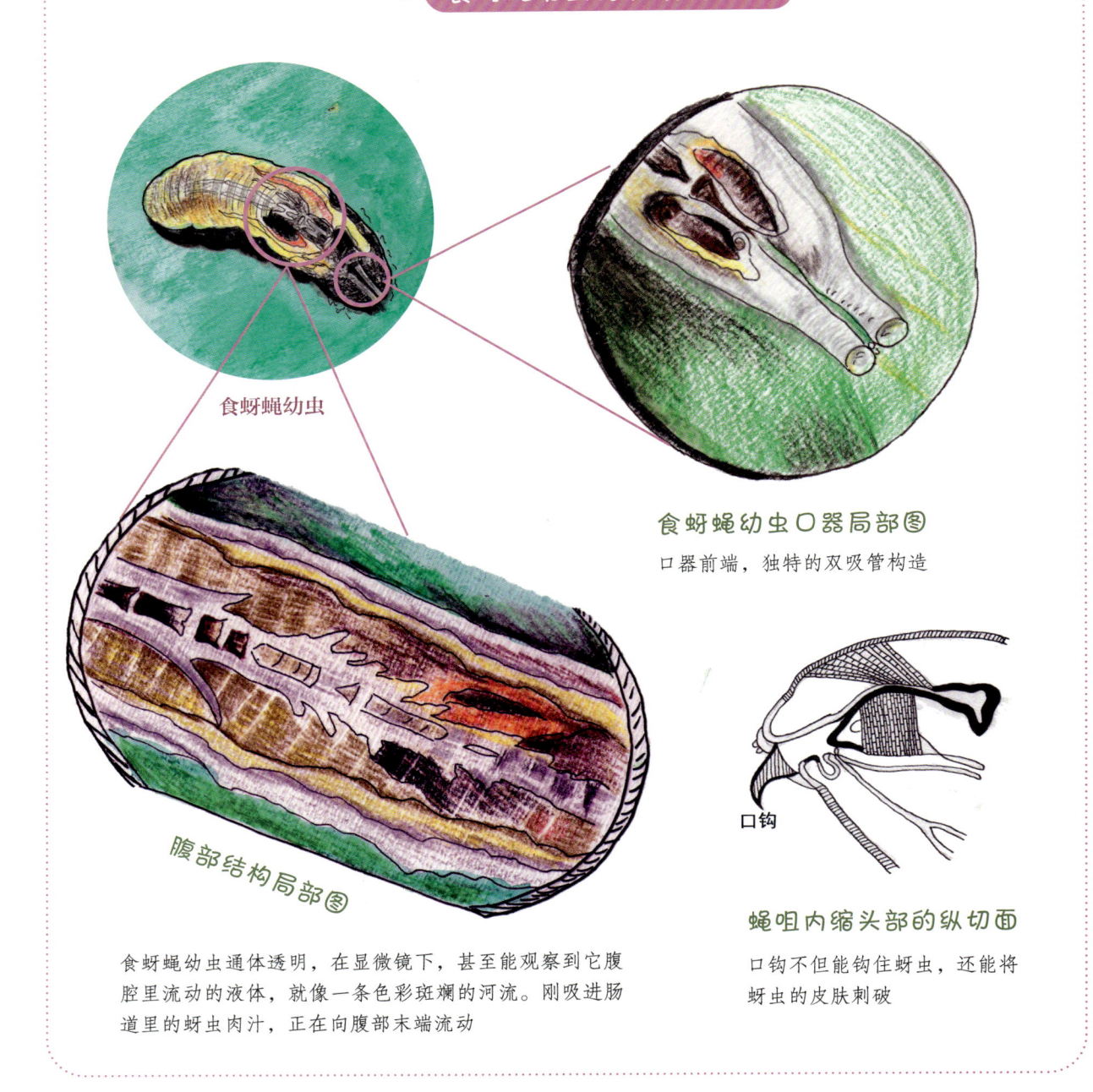

食蚜蝇幼虫

食蚜蝇幼虫口器局部图
口器前端，独特的双吸管构造

腹部结构局部图

食蚜蝇幼虫通体透明，在显微镜下，甚至能观察到它腹腔里流动的液体，就像一条色彩斑斓的河流。刚吸进肠道里的蚜虫肉汁，正在向腹部末端流动

口钩

蝇蛆内缩头部的纵切面
口钩不但能钩住蚜虫，还能将蚜虫的皮肤刺破

这么危险的敌人闯进来，蚜虫们为什么没有察觉到？而且，食蚜蝇幼虫没有腿，行动迟缓，蚜虫在察觉到敌情时，完全可以"撒丫子"逃跑，它们为什么还要在原地等死呢？

这是因为食蚜蝇的生存智慧起了关键作用！食蚜蝇妈妈会在有蚜虫聚集的植物枝叶上产卵，宝宝一出生，就和蚜虫待在一起。混迹在蚜虫群里的食蚜蝇幼虫，拥有高超的潜伏本领。它迟缓的动作大概能给蚜虫造成某种假象——它不具有杀伤力。

### 食蚜蝇幼虫的运动方式

肌肉收缩状态

肌肉拉长状态，此时体长最长，约6毫米

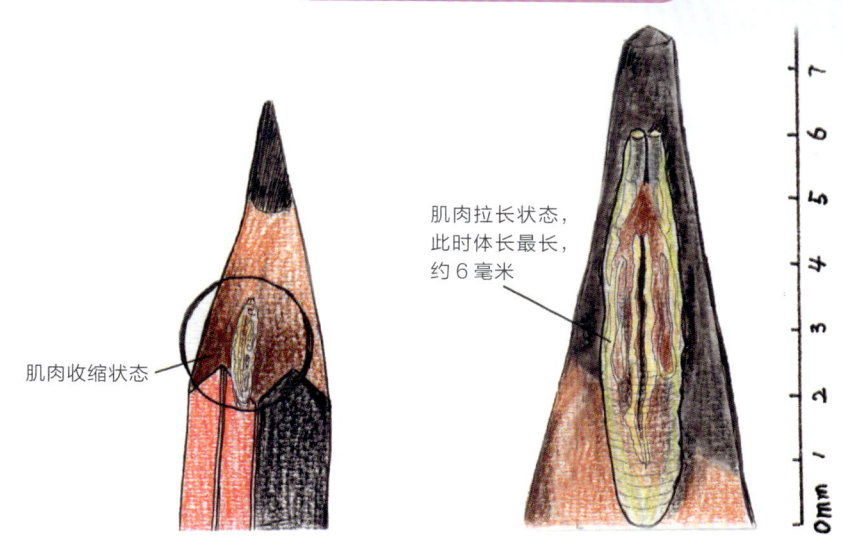

为了方便观察，我们把它请到了笔尖上。食蚜蝇幼虫无足，依靠肌肉伸缩产生的推力向前移动。每移动一段距离，它就会停下来。短短25毫米的路程，它爬行了1分25秒

- 2018年5月23日
- 多云 16~23℃

我们在校园里一棵救荒野豌豆的叶片上，发现了凹带优食蚜蝇的幼虫。这种食蚜蝇幼虫体形略大，身体拉长后约为1厘米，体色白，不是很透明。

### 凹带优食蚜蝇幼虫的运动方式

- 肌肉收缩，拱成桥状 
- 身体向左侧拉伸 
- 身体向前拉伸 
- 身体向右侧拉伸

救荒野豌豆

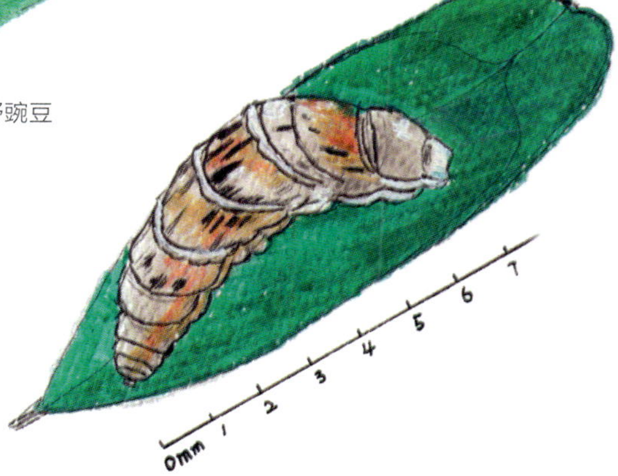

凹带优食蚜蝇幼虫尽管爬行速度缓慢，但通过肌肉伸缩，身体可以灵活转动，这有助于它们搜寻和猎捕食物

幼虫都这么厉害，想必食蚜蝇的成虫也一定是个捕食蚜虫的能手吧？但答案出乎意料。食蚜蝇是一种有趣的小昆虫，它们在幼年期奉行肉食主义，但进入成年期后，却变成了纯粹的素食主义者。瞧，成年之后，它们不但改变了模样，甚至连"餐具"都焕然一新，口器变成了像苍蝇一样的舐吸式。

紫叶李

- 2018年5月10日
- 多云 17～24℃

校园里，紫叶李叶片上的蚜虫不见了，上面附着着几只水滴形的迷你"睡袋"。我们查阅资料后发现，这些都是黑带食蚜蝇的蛹。期待它们的羽化！

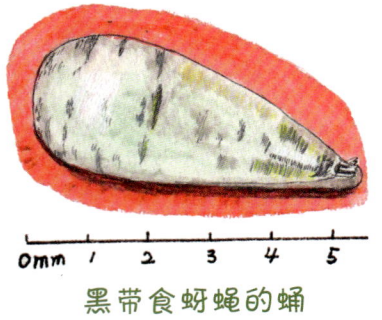

黑带食蚜蝇的蛹

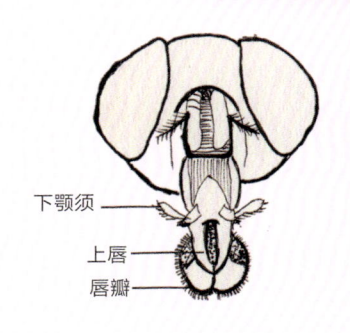

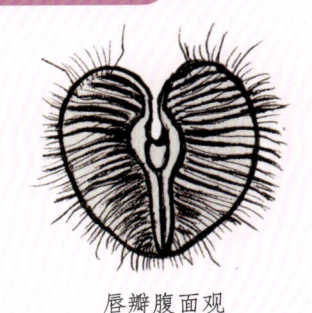

### 舐吸式口器结构图

下颚须
上唇
唇瓣

唇瓣腹面观

唇瓣贴在食物表面，将液体和碎粒直接吸进食物道

- 2018年5月21日 小满
- 阴 19～23℃

前段时间，我们从校园里收集了好几种食蚜蝇的蛹，今天发现，有一只居然羽化了。它的腹部有蓝色条带，很漂亮，经昆虫专家周德尧老师鉴定，这原来是狭带贝食蚜蝇。

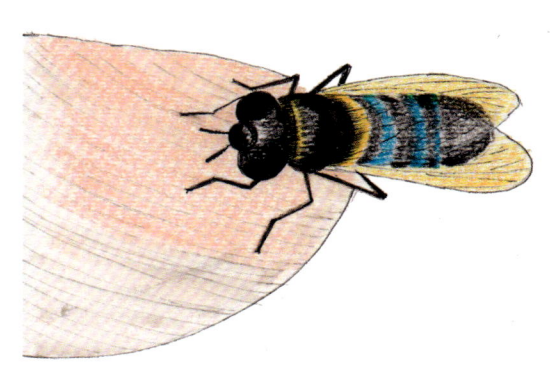

从背面观察

它停在了我的手指上，微微抖动着翅膀。体长约1厘米，前翅呈金色

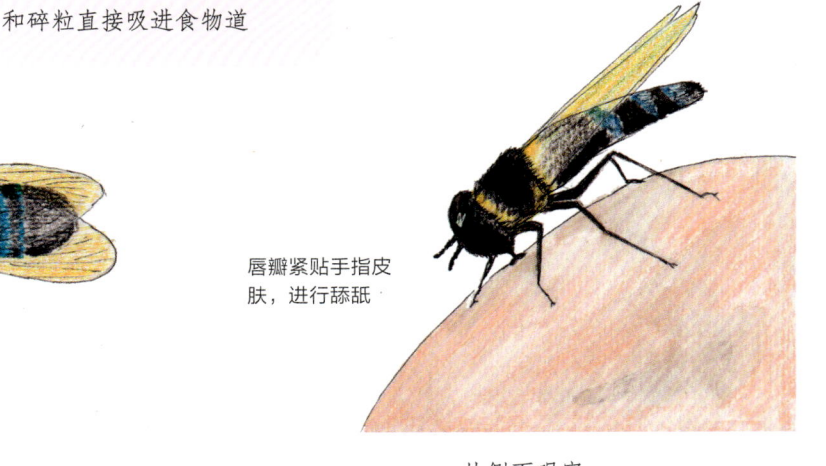

唇瓣紧贴手指皮肤，进行舔舐

从侧面观察

从侧面观察，可以看到它的口器和苍蝇的一样。它用口器舔舐我的手指，非常有趣

### 校园里常见食蚜蝇的种类

食蚜蝇的成虫前翅为膜质翅，阳光下会反射七彩光

▲ 大灰食蚜蝇　　　　　　　▲ 黑带食蚜蝇

食蚜蝇成虫没有后翅，后翅特化为一对平衡棒，在飞行中可以帮助它们保持平衡

▲ 凹带优食蚜蝇　　　　　　▲ 细腹食蚜蝇

食蚜蝇成虫更换了"餐具"，食物也随之改变。如今，美味的蚜虫肉汁，再也勾不起它们的食欲，一双小翅膀带着它们徘徊在花丛中，像蜜蜂一样舔吸花粉和花蜜。而且，在进食的时候，食蚜蝇也能像蜜蜂一样，为花朵授粉呢！

- 2018年5月28日下午
- 多云 28℃

校园里的黄金菊一年四季常青，花开不断。食蚜蝇非常喜欢吸食它的花粉和花蜜。

黄金菊上，常能看见黑带食蚜蝇的成虫。它的外形与蜜蜂相似，甚至振翅时发出的"嗡嗡"声也很像蜜蜂，据说，这是一种拟态行为，食蚜蝇将自己模拟成有蜂针的蜜蜂，可以免受天敌的攻击

## 邋遢的畅饮客

蚜虫餐厅里的萝藦嫩叶餐桌上，端坐着几位正在吸食汁液的橙色小食客——夹竹桃蚜。此时，餐桌上的另一位明星食客，却隐匿了踪迹，不仔细观察很难发现它的存在。瞧，那团垃圾竟然是活的！这个"邋遢鬼"食客是谁？没错，正是草蛉的幼虫——蚜狮！

- 2018 年 4 月 27 日
- 多云 14 ~ 27 ℃

校园里的灌木丛周围野草繁茂，萝藦的藤蔓相互缠绕着向上延伸，嫩芽间，星星点点，有不少夹竹桃蚜。叶片上的一只蚜狮，正背着伪装匆忙赶路，这是要赶着去赴蚜虫盛宴吗？

叶片上的蚜狮，背着一团垃圾赶路

◀ 萝藦

▲ 夹竹桃蚜

▲ 草蛉成虫

夏天，我们在植物枝叶上，经常能见到这种绿色的草蛉成虫。成虫比幼虫漂亮多了

如果这个邋遢鬼变干净了会怎样？你轻轻剥去它背上的部分垃圾，就会发现，脱去了"邋遢外套"的蚜狮，就仿佛在大街上裸奔，紧张得没头没脑，四处乱跑。最糟糕的是，丢了外套的它，似乎同时失去了"狮威"，就连停在它面前的蚜虫也捕捉不到。这是怎么一回事？

原来，这团看似脏兮兮的垃圾，其实是蚜狮最好的"隐身衣"。正是利用这身隐身衣，蚜狮才能将自己伪装起来，骗过猎物和天敌的眼睛。

- 2018 年 4 月 27 日
- 多云 14～27℃

校园里的野草地成了大家的实验室，同学们趴在草地上，将蚜狮装进培养皿，用细草茎剥去它身上的伪装，现在，蚜狮显露出了真面目。

算上大颚，蚜狮的体长约为 5 毫米。腹部末端浅黄色，可分泌黏性物质，似乎有固定身体的作用

剩余的伪装物

体侧密生刚毛，刚毛可以把垃圾一一卡住，不掉下去

这只带翅蚜虫发现自己遭到攻击，拼命挣扎，最后成功逃脱。可怜的"裸体"蚜狮，一无所获

蚜狮是怎样给自己穿上"隐身衣"的？蚜狮头部前端的那对大颚，是它们最得力的"换装"工具。利用周围的材料，它很快就能将自己装扮一新了。

这种将垃圾等物件覆盖在自己身上的行为，动物学家称之为"覆物行为"，是昆虫在亿万年里进化出的一种隐藏和伪装的奇特手段。谁说"邋遢"不是一种生存智慧呢！

● 观察蚜狮的"覆物行为"

一年蓬的舌状花

多功能大颚，收集和摆放细小的物件都极为灵活

这个季节，草地上到处是一年蓬白色的花朵

刚毛很容易将这些细小的伪装物卡紧并固定住

结果：将"裸体"蚜狮放在一年蓬的碎花中，它很快就把花背到里背上。

蚜狮的头部极为灵活，可向后转动 180 度，直达腹部末端

31

据昆虫学家观察，一只蚜狮一天可以吃掉近百只蚜虫。如此辉煌的战绩，蚜狮一定拥有某种神秘的武器吧？

这武器正是它的大颚——既能捕捉猎物，又具有刺吸功能。因此，这种口器就被昆虫学家命名为"捕吸式口器"。

- 2018 年 5 月 8 日
- 多云 14 ~ 23 ℃

上海宝山区顾村中心校，自然教室里，我们在显微镜下观察到了蚜狮捕食的过程。

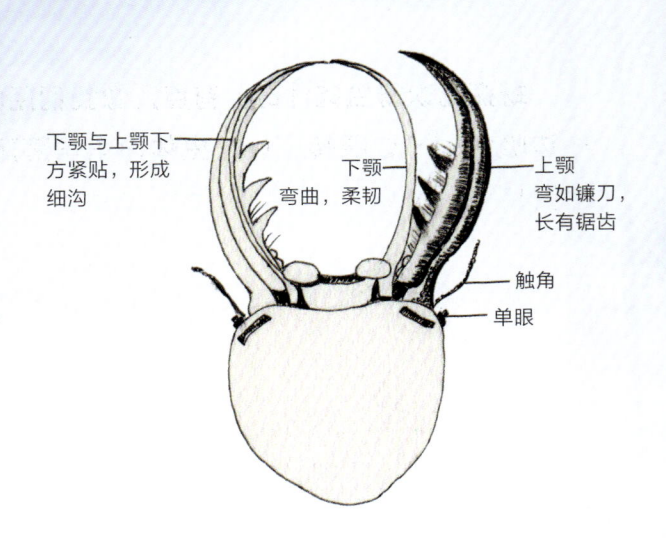

下颚与上颚下方紧贴，形成细沟
下颚 弯曲，柔韧
上颚 弯如镰刀，长有锯齿
触角
单眼

**蚜狮的捕吸式口器**

● 显微镜下观察到的蚜狮捕食的过程 ●

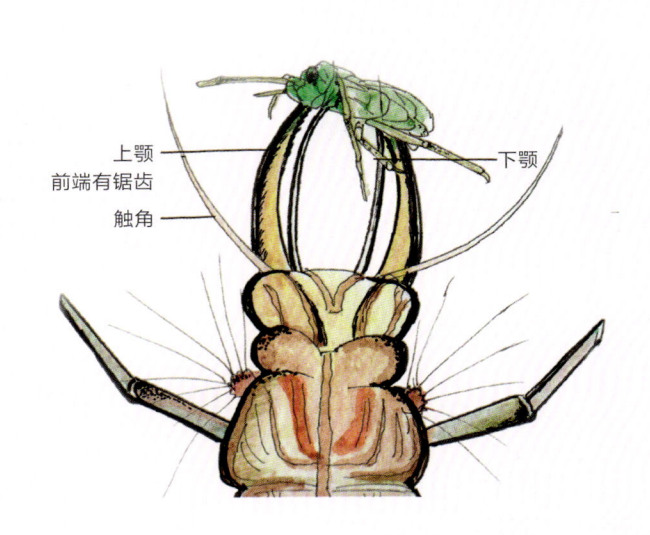

上颚前端有锯齿
下颚
触角

第一步：蚜狮用大颚捕捉到蚜虫，将左边和右边的上、下颚，全部刺入蚜虫的身体，并把消化液通过细沟注入蚜虫体内。消化液具有神奇的"魔力"——在 1 分钟不到的时间里，就能将蚜虫的肌肉溶解为液体

第二步：蚜狮用大颚将蚜虫高高举起，利用细沟，将蚜虫肉汁输入自己的体内

第三步：1 分钟后，蚜虫身体开始皱缩，我们观察到有绿色的液体进入蚜狮的体内

第四步：蚜虫的体液被抽干，表皮在空气压力的作用下，完全压缩变形

蚜狮畅饮蚜虫肉汁时，有点儿像我们用吸管喝牛奶。它将蚜虫举起，一边吸食，一边翻转，让蚜虫体内角角落落的肉汁都流出来，完全不会浪费！

第一步：轻轻吸　　第二步：捏一捏再吸　　第三步：将盒子转一转，捏一捏，再使劲儿吸

**不会浪费的牛奶吸食法**

## 开包房的精明客

蚜虫餐厅里的古怪食客真不少，不过，要论最精明的，还得数黄菖蒲叶片上的这位。它并不像前面提到的那几位，直接将蚜虫甜点师吃掉，而是既拿它做食物，又用它做包房，将蚜虫开发成了吃住一体化的高端"产品"。在这位食客眼里，蚜虫不但是食物，还是一间能够提供庇护的安全小屋，真是够精明呢！

- 2018 年 5 月 4 日
- 晴转多云 19～27 ℃

校园里，同学们在黄菖蒲叶片上发现一只怪异的蚜虫。从形态上看，这应该是一只豌豆修尾蚜，但它的腹部膨大，体色也变为黄棕色。用手指触碰，它完全没有反应，就像一具尸体。

◀ 黄菖蒲

◀ 豌豆修尾蚜

蚜虫腹部下方有一层细丝，细丝将蚜虫身体黏附在叶片上，使它不会移动和跌落

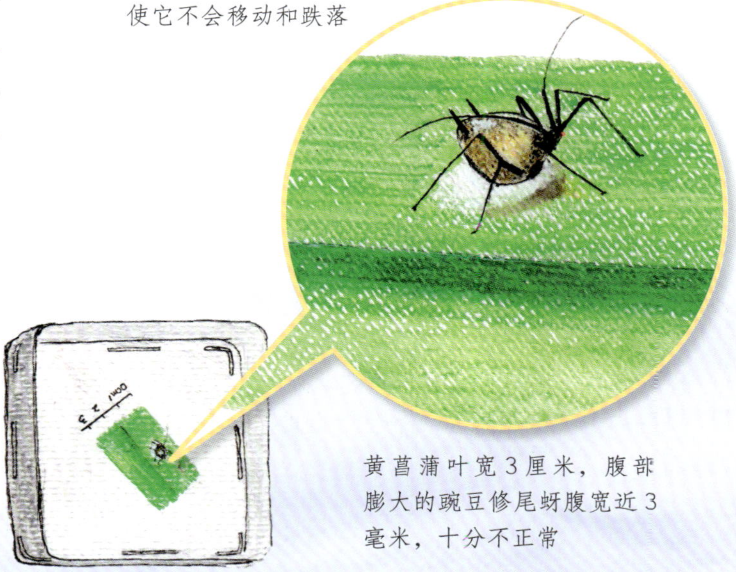

黄菖蒲叶宽 3 厘米，腹部膨大的豌豆修尾蚜腹宽近 3 毫米，十分不正常

33

现在，我们一起来见识一下这位精明的食客吧！它就是蚜茧蜂。

蚜茧蜂是一种营寄生生活的小昆虫，雌蜂寻觅到蚜虫后，会将腹部向前弯折，刺破蚜虫的皮肤，将一枚卵产在蚜虫的体内。

▲ 雌性蚜茧蜂成虫

发现目标，将腹部向前弯折，对准蚜虫腹部

将腹部末端插入蚜虫体内，产下一枚卵

蚜茧蜂产卵过程

住在蚜虫肚子里的蚜茧蜂幼虫，也有它自己的精明盘算。

首先，它会用一项奇特的本领，来扩大它的"住宅面积"。它会刺激蚜虫，让蚜虫食欲大增，体重增大，身体急剧膨胀，这样一来，处在成长期的蚜茧蜂幼虫，就有了足够的活动空间。不过，悲剧的是，蚜虫用不了多久，就会变成一具黄褐色的僵尸——僵蚜。

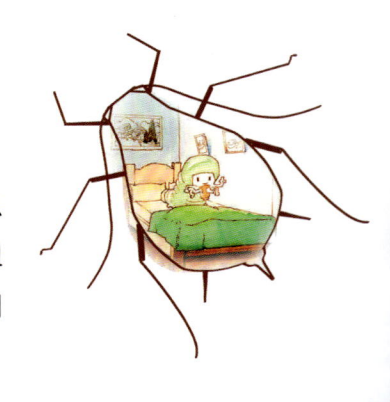

僵蚜失去了生命力，不是很容易跌落到地面上吗？完全不用担心，因为精明的食客早就想出了解决办法。它在僵蚜的腹面咬出一个小孔，从丝腺中分泌出黏胶物质，将僵蚜紧紧粘在植物上，这样蚜茧蜂幼虫就拥有了一个稳固的小屋。在这间小屋里，小食客不断取食其中的组织和器官，等到"山穷水尽"的时候，它就化为蜂蛹。数天之后，羽化成功的蚜茧蜂成虫，咬破小屋的"墙皮"，就飞了出来。

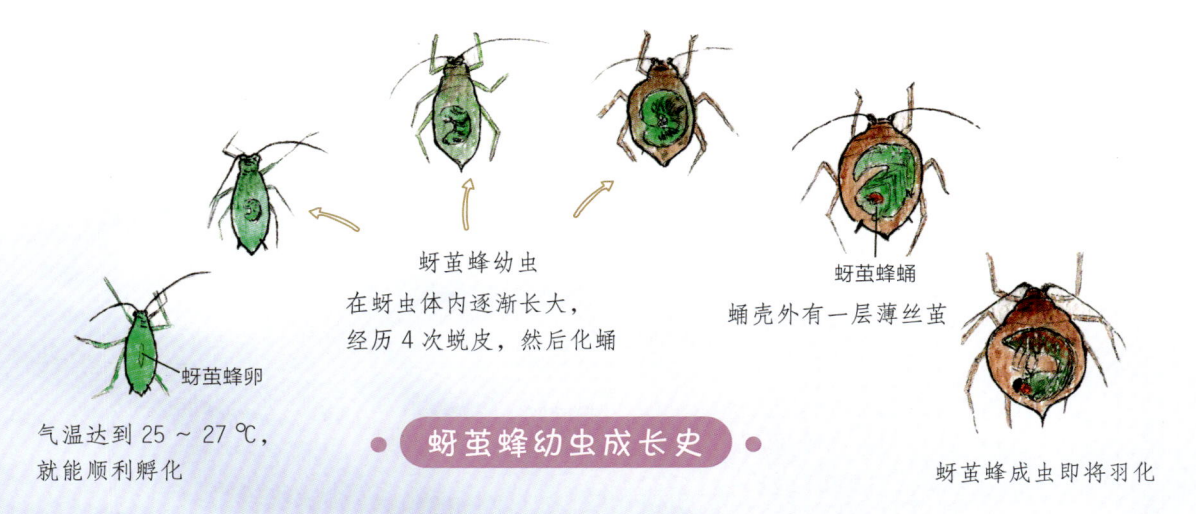

蚜茧蜂卵

气温达到 25～27 ℃，就能顺利孵化

蚜茧蜂幼虫

在蚜虫体内逐渐长大，经历 4 次蜕皮，然后化蛹

蚜茧蜂蛹

蛹壳外有一层薄丝茧

蚜茧蜂成虫即将羽化

蚜茧蜂幼虫成长史

- 2018 年 5 月 11 日
- 晴 16 ~ 26 ℃

校园里的藤蔓长廊里种着许多爬藤植物，有紫藤、葡萄、凌霄，还有藤本月季、牵牛花、茑萝等。我们在藤本月季的花蕾上，发现了一只僵蚜。不过，它的背部有一个小洞，里面完全空了，蚜茧蜂成虫已经羽化飞走。

月季长管蚜

产宝宝的有翅月季长管蚜

僵蚜，背部有洞

刚出生的蚜虫

僵蚜

僵蚜和有翅雌蚜的大小相当，但腹部异常膨大，颜色为深棕色。僵蚜腹部有细丝，细丝使僵蚜黏附在花茎上。

### 校园里的蚜茧蜂成虫

▲ 菜蚜茧蜂

膜翅目，蚜茧蜂科，发现于油菜花叶片上，体长约 2.3 毫米，触角很长

▲ 烟蚜茧蜂

膜翅目，蚜茧蜂科，发现于梅花树叶上，体长约 2.5 毫米，触角比菜蚜茧蜂的略短

35

瓢虫、食蚜蝇、蚜狮，还有蚜茧蜂，正是这些古怪的"肉食主义者"，成功控制了蚜虫甜点师的数量，使校园生态得以保持平衡，蚜虫餐厅能够正常运行，我们也因此有机会能结识大自然里形形色色的有趣生灵。

下个春天，在校园里，约上你的好朋友，一起去寻找一家奇妙的蚜虫餐厅吧！

**校园蚜虫餐厅**

瓢虫食客：请来一份蚜虫提拉米苏！

蚜狮食客：请来一杯蚜虫甘露！

食蚜蝇幼虫食客：请来一杯蚜虫奶茶！

# 这是谁的多功能餐具？

　　面包夹和吸管水果叉，在人类的餐饮店里十分常见，它们具有不同的功能。面包夹的前端有齿，可以牢牢夹住面包和蛋糕；吸管水果叉则具有双重功能：叉子可以用来刺进果肉里，叉柄则是吸管——靠近叉子一端有开口，可以用来吮吸果汁。

　　在蚜虫餐厅里，有一位小食客，它的口器兼具面包夹和吸管水果叉的多重功能，你能从下面的一群食客中找出它吗？

小提示：面包夹对应捕捉猎物，吸管水果叉对应刺入并吸食猎物体液。

餐具

▲ 吸管水果叉

▲ 面包夹

### 蚜虫餐厅里的食客

▲ 蚜狮

▲ 瓢虫

▲ 食蚜蝇幼虫

▲ 蚜虫

答案：蚜狮，因为它有捕咬式口器。

## 童悦悦和牛慢慢的自然笔记之旅

# 测量工具的使用

当清晨的第一缕阳光照进屋里时,童悦悦就从床上爬了起来。今天可是个大日子。去年植树节,同学们在校园里种下了许多小树苗,大伙儿约定,一年之后,看谁种的树长得最高。

花盆里,牛慢慢高声提醒道:"喂,别忘了带上我!我倒要看看你们怎么个比试法。"

"到了学校,你就知道了。"童悦悦朝牛慢慢做了个鬼脸。

原来,前几天得知童悦悦要和同学们比谁的树更高,牛慢慢心里就犯了嘀咕。哪棵树高,哪棵树矮,怎么才能知道呢?它想啊想,最后想出了个办法:"我从树底爬到树尖,你们计算一下我爬每棵树的时间,用时最长的那棵,不就是最高的吗?"没想到,童悦悦听完哈哈大笑:"就你那个慢劲儿,等你把每棵树都爬上一遍,恐怕我们都要毕业了!等着瞧吧,我们有的是办法!"

现在,牛慢慢终于搞清楚了,原来,他们有测量树高的秘密武器。小小的圆盒子里,可以拉出一根长长的尺子。把尺子拉直,和小树一比,就得到了树的高度。"这叫卷尺,可以测量比较高的物体。不过,如果树太高,我们就得用更专业的工具,比如激光树木测高仪。"童悦悦解释道。

牛慢慢盯着长长的卷尺问:"那么,拿它也可以测量我的长度吧?"

"哈哈,测量你这样的小家伙,还用得着卷尺吗?来,上来吧!"说完,童悦悦将牛慢慢放到了直尺上。只要牛慢慢身体伸一下,童悦悦就记录下一个数字。童悦悦说:"瞧,你是个体长多变的家伙!最长的时候比最短的时候,长了差不多1厘米呢!"

现在,牛慢慢终于弄明白了,原来,童悦悦自然笔记里的那些体长、身高的数据,都是用各种工具测量出来的啊!

2018年 3月26日
顾村中心校 小小农场
青菜地 晴 12~22℃

←俯视

←侧视

真是奇怪，青菜叶上留下层"薄膜"，是虫咬的？还是蜗牛？蛞蝓？

发现了条肥肥黏黏的蛞蝓正盘踞菜心大快朵颐。
怎么回事？右侧有小洞？"眼睛"？不可能，那是什么？
于是，试用树枝触碰了一下，"洞洞"瞬间"萎缩"了。
〈1〉

找到一只小蜗牛，悠哉悠哉吃着，品种绿豆大，"小稻菜"已经破了。
咦，为何蜗牛壳上会有彩色条纹？
6mm

接着蛞蝓玩起了360度"扭扭术"！哈，白白的腹部展露出来，呀，会不会被弄疼了，在打"滚"吗？
〈2〉

蛞蝓选择逃离"餐桌"。
〈3〉

## 作者寄语

一片野草地、一棵老柳树，都有可能成为小生物们的神奇栖息地。在这片栖息地里，它们相互依存，相互制衡，形成了食物链和食物网。

我是一名小学自然科学老师，喜欢带孩子们在校园、社区、公园绿地做自然观察和记录。就在这些不起眼的地方，我们永远都有新发现。有时，是一只从未见过的小昆虫；有时，是鸟儿粪便里的一枚小种子；更多的时候，是大自然里那些看似熟悉，却永远处在变化之中的自然生物和自然现象。令我欣慰的是，孩子们永不枯竭的好奇心，总能带着他们和我，一起走入这个近在咫尺，却无限神奇的自然世界。

现在，也带上你的那颗好奇心，去身边的小绿地里，寻找"蚜虫餐厅"，或是其他小生物的神奇栖息地吧！

——周斌

我是一名美术老师，喜欢用绘画的形式，把我在大自然中感知到的一切记录下来。昆虫或纤巧、或威武的形态，树叶或青翠、或斑斓的色彩，都能带给我新的视觉体验，给予我不竭的艺术灵感。在这本书里，我创作了部分手绘图稿。创作的过程，也是学习的过程。因为画过，所以了解；通过亲近，由此热爱。希望更多像我一样喜欢画画的朋友，也能在大自然中获得快乐和灵感，爱上这些看似平常、却绝对非凡的自然生灵。

——夕雯

### 周斌 作者

上海市宝山区顾村中心校自然教师，全国十佳科技辅导员，上海市教委教研室自然学科中心组成员，宝山区自然学科首席教师，问题化学习小学科学自然触碰教师研修工作坊坊主，创建有"自然触碰角"微信公众号，主要作品有《飞吧，蒲公英》《与自然触碰——小学科学问题化学习》等。

### 夕雯 作者

绘画教练、插画师，创作了原创课件插图、手作和绘画、水彩、艺术设计等课程，开设有K12视觉艺术课和"家门口的二十四节气课"等课程。

### 芮东莉　主编

文学博士，科普作家，国内自然笔记最早的倡导人之一；已出版《自然笔记：开启奇妙的自然探索之旅》、"点灯儿"自然观察绘本系列；作品曾获第九届文津图书奖、第四届中国科普作家协会优秀科普作品银奖，入选"2013年度影响教师的100本书"，"国家新闻出版广电总局2014年向全国青少年推荐百种优秀图书"等。

### 吕永林　主编

上海大学中文系副教授，创意写作学科硕士生导师；著有《个人化及其反动》《销魂者考》，译有《创意写作教学：实用方法50例》，另有散文、随笔发表于"澎湃·湃客"、《新闻晨报》、《珠海特区报》等；2013年与家人一同发起"家庭写作工坊"，推出《世上的果子，世上的人》《胡麻的天空》等图书。

### 沈侠 童悦悦和牛慢慢形象设计

上海市宝山区实验小学美术教师，宝山区动漫项目中心教研组成员。

### 郭江莉 审读

动物学硕士，上海植物园高级工程师；目前负责上海植物园科普资料编撰和科普活动策划工作；参与上海植物园"精灵之约"大型系列科普活动，获梁希科普奖。

一起做
自然笔记吧!